AF509407

PIECES JUSTIFICATIVES

POUR M. le Cardinal DE ROHAN, Accuſé.

Déclarations authentiques ſelon la forme Angloiſe.

I.

Déclaration du ſieur Abbé Macdermott, & Lettres du ſieur de la Motte.

L'AN mil ſept cent quatre-vingt-cinq, & le quinziéme jour du mois d'Octobre, pardevant moi Jean-Paul du Bourg, Notaire, & Tabellion-Royal & public à Londres, dûment admis & juré, & en préſence des témoins ci-après nommés, eſt comparu, en perſonne, M. Louis-François-Élizabeth Ramond de Carbonnières, Gendarme de la Garde du Roi très-Chrétien, de préſent logé à l'Hôtel d'Osborne, dans cette Ville de Londres, lequel a déclaré qu'il étoit chargé de faire des perquiſitions dans l'affaire de ſon Éminence LOUIS-RENÉ-ÉDOUARD, PRINCE DE ROHAN, Cardinal de la Sainte Egliſe Romaine, Prince Evêque de Strasbourg, Landgrave d'Alſace, Grand-Aumônier de France, Proviſeur de Sorbonne, &c. Qu'il a appris que le Révérend Barthélemi Macdermott, ci-devant Aumônier de l'Ambaſſadeur de France, & demeurant actuellement dans South Audley Street, Paroiſſe Saint-George Hanover Square, Comté de Middleſex, pouvoit donner des inſtructions importantes, relativement à cette affaire ; qu'ainſi donc il me prioit de me tranſporter chez ledit ſieur Macdermott, pour l'inviter verbalement & par écrit, à venir dans mon Etude dépoſer ce qu'il ſavoit, & enſuite jurer la vérité de ſa dépoſition devant un des Magiſtrats de cette Ville, & en ma préſence, à quoi je lui ai promis d'obtempérer, & lui ai accordé acte de ce que deſſus, pour valoir & ſervir ainſi que de raiſon. Fait & paſſé audit Londres, les jour & an ci-devant premièrement écrits, en préſence de Jean Pitt & Pierre Hesketh. *Signé*, L. F. E. RAMOND DE CARBONNIERES.

Et le même jour à cinq heures de relevée, je me ſuis tranſporté au domicile dudit ſieur Macdermott, où parlant à lui-même, je l'ai verbalement invité à ſatisfaire au deſir de l'acte de comparution ci-devant écrit, & lui ai laiſſé cette invitation par écrit, conçue dans les termes ſuivans :

Témoins Jean Pitt, Peter Hetketh.

α

Monsieur Macdermott.

MONSIEUR,

Je viens de la part de M. de Carbonnières, chargé de faire ici des enquêtes, relativement à l'affaire de son Eminence Monseigneur le Cardinal de Rohan, (dont vous devez avoir eu connoiffance par la lecture des papiers de nouvelles) vous inviter à venir chez moi dépofer la vérité, toute la vérité, & rien que la vérité, de ce que vous favez touchant cette affaire, & à affirmer votre dépofition fous ferment, & je vous prie de me donner votre réponfe.

Je fuis, Monfieur, votre très-humble, &c.

Et ledit fieur Macdermott m'a répondu qu'il fe rendroit dans mon Etude, Mercredi prochain, dix-neuf de ce mois, pour y faire fa dépofition. Dont acte, les jour & an ci-deffus écrits.

Signé, J. P. Du Bourg, N. P.

Le mercredi dix-neuvième jour du mois d'Octobre, l'an de Notre-Seigneur mil fept cent quatre-vingt-cinq, pardevant moi, Jean Paul Du Bourg, Notaire & Tabellion Royal & public à Londres, dûment admis & juré, s'eft préfenté le fieur Macdermott, lequel a déclaré qu'il étoit prêt à dépofer tout ce qu'il favoit, & de la manière que je lui avois indiquée dans mon invitation, qu'il m'a repréfentée, en date du quinzième jour de ce mois, fur quoi j'ai procédé tout de fuite à recevoir fa dépofition, le fieur Jean Pitt, mon Clerc, écrivant fous moi comme fuit :

Frère Pierre-Barthelemi Macdermott, Religieux Capucin, ci-devant Aumônier de l'Ambaffade de France, demeurant en cette Ville de Londres, âgé de cinquante-cinq ans, ou environ, fait ferment & dépofe que la famille de M. de la Motte, établie à Bar-fur-Aube, lui eft bien connue; que dans le mois de Novembre 1784, il fut informé que ledit fieur de la Motte avoit époufé Madame la Comteffe de Valois; qu'elle avoit été reconnue pour telle par le Roi de France, & qu'ils vivoient dans leur Pays d'une manière opulente & fplendide; que dans le courant du mois de Mai dernier, M. O Neill, Capitaine d'Infanterie au fervice de France, & qui étoit alors à Londres, introduifit le Dépofant chez M. le Comte de Valois, qui l'accueillit très-bien; qu'il apprit dans cette première vifite que ledit Capitaine O Neill devoit partir le lendemain pour Paris, & emmener avec lui une partie des bagages dudit

Comte & *une pacotille de Perles affez confidérable ;* que ces deux Meilieurs ayant demandé au Dépofant, s'il n'y avoit point de difficultés à craindre de la part de la Douane, en paffant à Calais, par rapport à cette pacotille de Perles, il leur répondit que le moyen le plus sûr d'éviter ces difficultés, étoit que le fieur O Neill mît ces Perles dans fes poches, & n'en parlât point ; que le Dépofant prévenu comme il l'étoit, crut devoir témoigner audit Comte de Valois toute l'attention poffible, & qu'en conféquence il l'introduifit chez les Perfonnes de qualité où il avoit accès, afin de lui rendre fon féjour à Londres plus agréable ; que le Dépofant crut que le Comte de Valois devoit s'attendre, par fon mérite apparent, fon état d'aifance & fes manières nobles, à mériter bientôt l'attention de ces honnêtes perfonnes ; *qu'il portoit des bijoux précieux, tels que Montres, Tabatières, Boucles, &c. en diamans,* qui parurent au Dépofant être montés à la françoife, autant que le Dépofant en pouvoit juger ; que ce brillant dénotoit un homme *d'une fortune plus qu'ordinaire ;* qu'il apprit d'ailleurs que le Comte de Valois, auquel il fe mit à faire conftamment fa cour, faifoit des achats en Bijouterie d'Angleterre, *tant pour lui, que pour Madame la Comteffe ;* que le Dépofant trouva dans ledit Comte, beaucoup de connoiffances dans la valeur des efpèces & la manière de compter en Angleterre, de forte qu'il crut inutile de lui offrir fes fervices & fon affiftance dans ces acquifitions, & qu'il n'en a eu connoiffance que dans l'appartement dudit Comte, lorfque les différens Ouvriers & Bijoutiers apportoient leurs marchandifes & en recevoient le prix, que le Comte leur payoit affez exactement ; que le Dépofant ne peut fpécifier en quoi confiftoient ces achats, n'étant point connoiffeur en ces fortes de matières dont il n'étoit *frappé que par rapport à leur beauté,* fans en favoir l'ufage, ni même la valeur intrinféque ; qu'un jour que le Dépofant dînoit avec lui, la converfation tomba fur la différence du change entre la France & l'Angleterre, lequel étoit alors fort défavantageux aux François ; que le Comte de la Motte Valois dit au Dépofant qu'il avoit payé fort cher le crédit *que le fieur Perregaux, fon Banquier à Paris,* lui avoit fourni fur Londres ; que ce crédit lui devenoit actuellement inutile, *parce qu'il avoit plus d'argent qu'il ne pouvoit dépenfer ;* que le Dépofant lui confeilla de chercher à fe récupérer, en convertiffant fes fonds en bonnes Lettres-de-change fur Paris, ajoutant que plus la fomme feroit forte, meilleur parti il en tireroit ; que les Banquiers de Londres, à la vérité, n'accordoient point à la Nobleffe les avantages du change qu'ils accordoient aux Négocians, mais que, fi le Comte le vouloit, le Dépofant le mèneroit chez un Négociant d'honneur & de probité, qui fe feroit un devoir de le bien traiter ; que le Comte de Valois avoit alors *une traite de 3,200 livres fterlings,*

4

fur MM. Smith & Compagnie , Banquiers dans George Street,
près la maifon du Mylord-Maire, dont le paiement n'étoit pas
échu ; que lorfque le tems arriva pour recevoir ce paiement, le
Dépofant accompagna le Comte chez ces Banquiers qui en payèrent
le montant , & de-là chez M. Motteux , Négociant à Londres ,
qui demeure dans le voifinage, lequel fournit au Comte une let-
tre-de-change fur le fieur Perregaux , à Paris, au change le plus
favorable ; que cependant le Dépofant ne pût s'empêcher de faire
quelques réflexions fur les richeffes, qu'il voyoit entre les mains
du Comte de Valois, mais qu'elles fe réduifoient à croire qu'il
avoit joué avantageufement ; que, le jour de cette opération, il
alla avec ledit Comte fe promener au jardin de Kenfington, où
le Dépofant, rempli de cette idée, ne pût s'empêcher de repréfenter
au Comte , d'une manière hiftorique, que dans ce pays-ci il y avoit
des gens qui, pour mieux victimer les Etrangers, jouoient avec eux
& les laiffoient d'abord gagner , afin de pouvoir enfuite les déva-
lifer à loifir ; que ces repréfentations furent peut-être exprimées
avec chaleur, par rapport à l'intérêt que le Dépofant prenoit dans
ledit Comte, fondé fur la connoiffance qu'il avoit de fa famille , na-
tive de l'endroit où il y a un couvent de fon Ordre , dans lequel il
avoit lui-même demeuré, & parce qu'il penfoit que tout l'avoir dudit Comte , ne confiftoit que dans les bienfaits du Roi, & qu'il
n'y a point de fortune qui puiffe réfifter à la paffion du jeu ; qu'enfin le
Dépofant ne put s'empêcher de demander au Comte, s'il n'avoit point
le malheur d'être entiché de cette paffion ; que le Comte· de la
Motte lui répondit avec un air de franchife capable d'écarter tous
foupçons , à peu près en ces termes. « Non , mon cher Macdermott, loin de jouer, je n'aime pas même le jeu. Mais, puifque
vous avez la bonté de vous intéreffer à moi, je vous dirai naïvement
tout ce qui nous a procuré l'aifance, dont nous jouiffons actuellement. J'ai époufé Madame la Comteffe de Valois., avec fes 800
livres de penfion, contre l'avis de mes parens & des amis de la
famille ; *je n'avois rien & elle à peu - près autant*; ce qui faifoit craindre
que nous ne lui devinffions à charge; nous nous rendîmes à Paris
où , par le moyen de nos amis, MADAME & Madame Comteffe
d'Artois eurent la bonté de s'intéreffer pour nous, auprès des Minif-
tres du Roi. Les befoins de l'Etat & la multiplicité des affaires, firent
traîner en longueur nos follicitations & celles de nos Protecteurs ,
de forte qu'après avoir épuifé la bonté & la patience de nos amis ,
fans avoir rien obtenu , on nous confeilla d'effayer *la bonté de la
Reine* , Princeffe auffi diftinguée par fa générofité que par fon aifance & fon rang. Après bien des débats entre la crainte & l'efpérance, ma femme fe détermina à préfenter un Placet à cette
Augufte Souveraine; mais l'appareil de la Majefté & la hardieffe
de l'action, manquèrent de lui coûter la vie ; car elle *tomba évanouie*

aux pieds de Sa Majesté, qui en fut touchée, &, par un mouvement de bonté & d'humanité, ordonna qu'on eût soin d'elle, & qu'on la mît sur un lit chez une des Dames de la Cour, que le Comte de Valois lui nomma, mais dont il ne se rappelle pas le nom. Revenue de cet évanouissement, *la Reine a eu la bonté de la voir, de s'intéresser à son sort, en l'encourageant à lui demander des graces*, qui ne seroient point dans le cas d'être refusées. La Comtesse m'ayant rapporté ces marques de la bienveillance Royale, & me témoignant sa répugnance à tirer de cette faveur les avantages qui devoient en résulter, je lui dis que *n'ayant point de pain*, & ne voyant point de jour à réussir dans nos poursuites auprès des Ministres, il falloit bien se résoudre à nous en procurer par ce moyen, & que je me chargeois de la partie de la recette & des stipulations à faire. Voilà, mon cher Macdermott, la source du bien-être & des Bijoux dont vous me voyez en possession. : *La Reine comble ma femme de bontés & de présens ; souvent elle l'honore de ses ordres & commandemens, même auprès de Monseigneur le Cardinal de Rohan.* Il y a peu de tems que sa Majesté *lui a donné une paire de pendans d'oreilles superbes*, n'ayant pas trouvé à son goût ceux qu'elle portoit, quoiqu'ils fussent de Diamans. Je voudrois me défaire de ceux-ci ici, & *d'une bague de brillans à moi*, qu'on évalue à 1200 guinées. — « Que le Déposant convint que beaucoup de Bijoux & point de terre, étoit être riche sans effet, mais que l'Angleterre étoit l'endroit le moins avantageux pour s'en défaire, *vû le bas prix de ces sortes de choses*, & le peu d'usage qu'on en faisoit ; que le Comte lui répondit qu'il n'ignoroit pas tout cela, mais que certaine délicatesse lui donnoit de la répugnance à s'en défaire à Paris, pour ne pas s'exposer qu'ils fussent réofferts aux personnes qui les lui avoient donnés, en considération des services qui leur avoient été rendus ; qu'à l'égard des achats qu'il faisoit à Londres, tant en Perles qu'en bijouterie, c'étoit *pour faciliter le remboursement de* 200,000 *liv.*, récompense d'un emploi, qui devoit se faire ici, par l'agent du possesseur dudit emploi, & qu'il préféroit de prendre des effets, même à perte, aux billets de cet agent à terme ; que l'argent qu'il venoit de recevoir, & un autre mandat de 2,000 quelques 100 liv. sterlings en faisoient partie ; que, quelques jours après cette conversation, l'on apprit à Londres *la détention de M. le Comte de Bourbon-Buffet* ; que M. de la Motte parut affecté de cette nouvelle, & témoigna quelque crainte qu'il n'eût emprunté de l'argent de Madame de Valois ; qu'il y paroissoit fondé sur les liaisons de ce Comte avec eux, & sur ce que Madame venoit de lui écrire de lui faire passer de l'argent, dont elle ne pouvoit avoir besoin, *vû les finances qu'il lui avoit laissées* ; d'où il conclut qu'elle avoit, ou prêté de l'argent, ou qu'elle vouloit faire un présent de néces-

à *fa fœur mademoifelle de Valois, qui étoit fur le point de fe marier*, & que pour obvier à l'un & à l'autre, il partiroit inceffamment pour Paris ; que le fecond mandat de 2,000 quelques 100 liv. fterlings n'étant pas échu, mais étant tiré par la même perfonne & fur les mêmes Banquiers, le Dépofant conduifit encore M. de la Motte chez M. Moteux, qui lui en paya le montant par une traite fur Paris, & que le lendemain, il prit la route de France ; que le Dépofant l'accompagna jufqu'à Douvres, où M. de la Motte ayant examiné l'état de fes finances, vit qu'il ne lui reftoit en ef-péces que bien jufte pour fe rendre à Paris ; que, parmi les com-miffions dont il chargea le Dépofant, il lui donna un ordre fur M. Gray le fils, *de lui délivrer les Bijoux qui lui reftoient en main*, parce qu'ils ne pouvoient être montés que trois ou quatre jours après fon départ, & quelqu'argent qu'il avoit laiffé audit Gray qui fer-viroit à folder un reliquat de compte entre ledit M. de la Motte & le Dépofant ; que ces effets confiftoient en un Collier de diamans ; que le Dépofant vit, la veille du départ du fieur de la Motte, deux des pierres qui en devoient faire partie, & que ledit fieur Gray avoit apportées au Comte de la Motte, pour voir s'il en approuvoit la monture ; que le fieur Gray n'ayant pas voulu remettre lefdits effets au Dépofant, fous prétexte que, loin d'a-voir des fonds en fouffrance du Comte de la Motte Valois, celui-ci lui feroit redevable de quelques livres fterlings, & qu'il lui fe-roit paffer ces effets par une perfonne fûre, qui recevroit le mon-tant de fa demande ; le Dépofant l'écrivit audit comte de la Motte en lui expédiant fes autres commiffions, ce qu'on verra par les Let-tres qu'il exhibe, & qu'il ne reçut que long-tems après leur date, parce que le Dépofant étoit alors en voyage dans le Nord d'Angle-terre, où il apprit par les papiers publics la nouvelle de la détention de fon Eminence Monfeigneur le Cardinal de Rohan, & de Ma-dame la Comteffe de Valois ; qu'il reçut en même tems deux Let-tres de Bar-fur-Aube, dont la date & les extraits feront à la fuite de cette dépofition, & une autre du fieur de la Motte, que le Dé-pofant a cherché avec foin, depuis la date de mon invitation, afin de la produire dans le cours de cette dépofition ; mais qu'elle eft égarée & probablement perdue ; que cette Lettre étoit datée de la fin d'Août ou du commencement de Septembre ; que dans cette Lettre, le Comte de la Motte lui parle, pour la première fois, du Collier qui a occafionné la détention de fa femme, en l'affurant qu'il ne l'avoit vu qu'une feule fois ; que le fieur Boehmer avoit jugé à propos de le lui montrer, dans l'efpérance qu'il le lui ache-teroit ou lui en procureroit la vente ; que le Comte lui répondit qu'il ne favoit qu'en faire, & que, ni lui, ni fa femme n'étoient pas affez fortunés, pour faire une pareille acquifition ; qu'au refte il ignoroit, fi Madame de Valois pouvoit aider ledit fieur Boehmer

7

à le bien placer ; que cette tranfaction s'étoit paſſée au mois de
Février dernier, & qu'il n'avoit appris de ſa femme que quelques
jours après, que Monſeigneur le Cardinal de Rohan avoit acheté
ledit Collier pour la Reine ; que depuis ce tems-là juſqu'au moment de la détention de Son Eminence & de l'enlèvement de
Madame de Valois, arrivé le 18 d'Août, autant que le Dépoſant
peut ſe le rapeller, il n'avoit plus entendu parler de rien ; que ſe
voyant en liberté, il n'avoit pas crû devoir attendre des événemens
qui pourroient, en lui ôtant ſa liberté, les priver des moyens de
juſtification pour lui & les Accuſés, & qu'une fois en lieu de ſû-
reté, il enverroit un Mémoire à M. le Comte de Vergennes. Il fi-
niſſoit par prier le Dépoſant de lui écrire, ſous l'adreſſe de M. de Feu-
gere à Livourne ; que le Dépoſant s'empreſſa de répondre au Comte
de Valois, auquel il conſeilloit, loin de s'évader, de s'approcher
de ſa Patrie, & de s'en repoſer ſur la probité & ſur la juſtice éclai-
rée de ce grand Miniſtre, & que, ſi ſa conduite répondoit à ce
qu'il avançoit, il n'auroit nulle raiſon de craindre pour ſa perſonne, & que même il pourroit être capable d'arrêter des ſacrifices
injuſtes.

Paris, le 9me Juillet 1785.

J'Apprends à mon retour de Bar-ſur-Aube, mon cher Macdermott, que vous m'avez envoyé la ceinture que je vous avois
demandée, ainſi qu'un fromage de Cheſter; Madame la Comteſſe
qui l'a reçu, a remis au Porteur les avances que vous avez bien
voulu faire, & elle a envoyé aux Capucins, pour remettre le mon-
tant du fromage que j'envoie à Bar-ſur-Aube, aujourd'hui. Je
compte moi-même partir ces jours-ci, *pour continuer mes travaux.*
Il m'a été impoſſible, dans le court eſpace que j'y ai paſſé, de
voir le Père dont vous m'avez parlé, mais à mon arrivée je le
verrai ſûrement. Je vous ai écrit avant mon départ de mon premier
voyage ; je ne ſais ſi vous avez reçu ma lettre ; j'ai écrit de même
à M. Gray, qui ne m'a fait aucune réponſe ; je ſuis éloigné de
le ſoupçonner de la moindre friponnerie ; cependant ſa conduite
avec moi, & le retard que j'éprouve, ſeroient dans le cas de faire
naître des ſoupçons ; je vous prie de vouloir bien faire toutes les
démarches poſſibles, pour avoir raiſon *de mes effets*, & dire à
M. Gray, que, d'après les emplettes que j'ai faites chez lui, je
ne me ſerois jamais attendu aux retards que j'éprouve ; il ne doit
pas douter *de toutes mes inquiétudes* ; j'eſpère bien qu'il les fera
ceſſer avant peu: comme je pars ces jours-ci, je vous prie de re-
tirer vous-même les objets qu'il a entre les mains, faits ou non,
& vous me les ferez paſſer directement à Bar-ſur-Aube, en prenant,
toutefois, les précautions convenables ; ſi je redois quelque choſe

à M. Gray, vous voudriez bien en faire les avances, & me marquer à qui je pourrai remettre la somme. Il seroit possible qu'il faille des difficultés pour vous remettre ces objets, mais vous lui montrerez ma lettre & le pouvoir que je vous donne ; d'ailleurs je vais joindre à cette lettre un billet que vous lui remettrez. L'assemblée du Clergé, &c.

Le reste de la lettre n'a aucun rapport à l'affaire en question. Elle est signée *le Comte de Valois de la Motte*, & par apostille : « Vous ferez la lecture de la lettre que vous remettrez à M. Gray, & vous verrez qu'il ne faut la lui laisser que lorsqu'il vous aura remis les effets ; cette lettre est une décharge, il ne faut la remettre qu'à lui-même ».

Copie de l'ordre à M. de Gray.

IL est bien étonnant, Monsieur, que je ne reçoive aucune nouvelle *des effets que je vous laissai en partant ;* vous n'avez pas même répondu à la lettre que je vous ai écrite ; cela n'est pas très-honnête, & vous conviendrez que votre conduite avec moi est bien équivoque ; tout autre que moi auroit des soupçons désavantageux sur votre compte ; car des retards aussi marqués, & votre silence, sont faits pour en donner ; cependant je vous rends assez de justice, pour croire qu'il n'y a que de la négligence, & que vous réparerez tout, en remettant à M. Macdermott, les objets que je vous ai confiés, *montés ou non montés ;* si je vous suis redevable de quelque chose, vous lui donnerez la note, & il vous payera. Je prends ce parti, parce qu'il trouvera facilement *des occasions pour la Champagne, où je vais habiter dans ce moment.* Cette lettre vous tiendra lieu de quittance ; & , les effets remis à M. Macdermott, je n'aurai plus rien à vous répeter.

Je suis, Monsieur,

Votre très-humble Serviteur, le
Comte DE VALOIS, en son
Hôtel, à Bar-sur-Aube, en
Champagne.

UNe autre lettre, datée de Bar-sur-Aube, le 20 Août 1785, où on mande au déposant, que M. de Valois y avoit passé, & avoit fait une honorable mention du Déposant ; que Madame de Valois venoit d'être arrêtée par trois Hocquetons, chargés des ordres du Roi.

AUtre lettre de Bar-sur-Aube, en date du 23 Août, par laquelle on mande au Déposant, que M. de la Motte, *aliàs* Comte de Valois,

lois, a pris la fuite & qu'on ne fait pas où il eft. Et c'eft tout ce que le dépofant a dit favoir ; lecture à lui faite de fa dépofition, il a dit qu'icelle contient vérité ; qu'il n'y veut rien ajouter ni diminuer & qu'il y perfifte.

London (Sc.) *Signé*, F. P. Barthélemy MAC-DERMOTT.

Jurat 21 die menfis Octo-
   bris 1785 , coram me
   Signé, W^m. Plomer.

JE, Jean-Paul du Bourg, Notaire & Tabellion royal & public à Londres, duement admis & juré, certifie & attefte à tous ceux qu'il appartiendra, que Guillaume Plomer, Ecuyer, qui a adminiftré & figné le ferment à la dépofition ci-deffus & ès autres parts, eft un des dignes Magiftrats Aldermans de cette Ville, & qu'à tous fermens par lui ainfi adminiftrés & fignés, pleine foi peut & doit être ajoutée tant en jugement que dehors. En foi de quoi j'ai figné les Préfentes, & y ai appofé mon Sceau Notarial, à Londres, le vingt-unième jour du mois d'Octobre, l'an de notre Seigneur mil fept cent quatre-vingt-cinq.

(L. S.)   *Signé*, J. P. DU BOURG, N. P.

JE, Jean-Paul du Bourg, Notaire & Tabellion royal & public à Londres, dûment admis & juré, certifie & attefte à tous ceux qu'il appartiendra, que les écrits ci-deffus & ès autres parts, font une copie fidelle des actes dreffés par moi, dans l'affaire de fon Eminence Monfeigneur le Cardinal de Rohan, & de M. le Comte de Valois, dont l'original a été paffé fous la légalifation du Lord Maire & le Grand Sceau de la ville de Londres, témoin ma fignature ; ce vingt-cinquiéme jour du mois d'Octobre, l'an de notre Seigneur mil fept cent quatre-vingt-cinq.

(L. S.)   *Signé*, J. P. DU BOURG, N. P.

UNIVERSIS & fingulis ad quos præfentes litteræ pervenerint, Richardus Beach, Dominus major ac fenatores Civitatis Londini Salutem : notum teftatumque facimus quòd Joannes-Paulus du Bourg, qui inftrumentum præfcriptum fignavit, Notarium & Tabellionem effe publicum, fidelem & legalem debito juris ordine, per regalem autoritatem admiffum atque juratum, quòdque actis inftrumentis aliifque fcripturis ab eo fignatis plena & indubitata fides adhibeatur, & adhiberi debeat in curiâ & extrà curiam.

In cujus fidem & Teftimonium, Sigillum Officii Majoratûs dictæ Civitatis præfentibus apponi fecimus. Datum Londini vigefimo - quinto die Octobris , anno Domini millefimo feptingentefimo octogefimo quinto.

Signé BEACH.

NOUS, chargé des affaires de France , certifions à tous qu'il appartiendra , que le fieur Paul du Bourg, dont la fignature eft appofée de l'autre part , eft Notaire Royal & public en cette Ville de Londres , & qu'en cette qualité, foi pleine & entière peut & doit être ajoutée à fa fignature, tant en Jugement que dehors ; en témoignage de quoi, Nous avons figné le Préfent , contrefigné de notre Secrétaire , & muni du Sceau de nos armes. Fait à Londres , le vingt-fept Octobre mil fept cent quatre ving-cinq.

(L. S.)   *Signé ,* BARTHELEMY.

Par Monfieur BARTHELEMY.

Signé , D'ARAGON.

I I.

Déclaration du fieur Gray , Jouaillier.

L'AN mil fept cent quatre-vingt-cinq , & le dix-feptième jour du mois de Novembre , à la requête de M. Louis-François-Elifabeth Ramond de Carbonnières , Gendarme de la Garde du Roi Très-Chretien , de prefent logé à l'Hôtel d'Osborne , dans cette ville de Londres , je , Jean-Paul du Bourg, Notaire & Tabellion royal & public à Londres, dûment admis & juré , me fuis tranfporté au domicile de MM. Robert & William-Gray, Jouaillier, & affociés dans New-Bond Street, ou parlant audit fieur William-Gray, je lui ai exhibé un papier ayant pour titre : « Etat détaillé du grand Collier en » Brillants, avec fon Efclavage & quatre Glands ». & les Notes mifes en Anglois, à côté de différens articles dudit Etat, & lui ai demandé fi ces notes en Anglois , fignées au bas par William-Gray , N° 13. New-Bond Street , étoient de fon écriture & fa propre fignature , & fi le contenu dans lefdites Notes étoit véritable, à quoi il m'a répondu que lefdites Notes & fignatures étoient de fa propre écriture , & contenoient vérité. Je lui ai enfuite exhibé un Certificat en Anglois, Signé de lui William-Gray , daté du quinzième jour de Novembre ; à lui demandé fi le contenu audit Certificat étoit véritable, & fi la fignature au bas d'icelui étoit véritablement la fienne, il m'a repondu que ledit Certificat étoit véritable en tout fon contenu, que la fignature au bas d'icelui, étoit véritablement la fienne ; enfuite je l'ai prié de me faire parler à Jofeph Kirkup, commis de fa maifon, lequel ayant paru, je lui ai montré un compte extrait du grand livre de ladite maifon, en date du 16 d'Octobre dernier & figné *Jofeph Kirkup*, & à lui demandé fi ledit extrait étoit véritable, & s'il eft bien figné de lui ; il m'a répondu que ledit extrait eft véritable & qu'il eft bien figné de lui, de tout quoi Acte étant requis de moi dit Notaire ; j'ai accordé les Préfentes pour valoir & fervir ainfi que de raifon. Fait & paffé audit Londres, fous ma fignature & mon Sceau Notarial, les jours & an ci-devant premièrement écrits.

Signé, J. P. du Bourg N. P. (L. S.)

A

Traductions des Notes en Anglois.	Articles vis-à-vis desquels elles sont écrites.
Acheté huit pierres	1°.
Ces pierres ont été montées en un collier & une paire de boucles d'oreilles.	2°.
Je les ai vus, mais ne les ai point achetés.	3°.
Idem.	4°.
Acheté.	7°.
Acheté environ 80, ai vu le refte.	10°.
Monté en bagues.	12°.
J'en ai acheté quelque-unes	14°.
Je les ai achetés.	16°.
Idem 8.	17°.
Je les ai achetés.	20°.

Signé WILLIAM DE GRAY, Nº 13, New Bond-Street.

B

Londres, le 15 Novembre 1785.

JE, William Gray, fils & affocié de Robert Gray, de Bond Street à Londres, certifie par les Préfentes que les principales circonftances de mes opérations avec le Comte de Valois, font comme il fuit.

Dans le courant d'Avril dernier (époque de ma première entrevue avec lui) il fut amené dans ma Boutique par M. O Neill Capitaine au fervice de France , & me montra en différentes fois , *diverfes parties de Diamans d'une immenfe valeur.* Il me les propofa tous à acheter, me difant qu'il les avoit *en héritage de fa mère* qui venoit de mourir, & *qui les portoit en piece d'eftomach.* Je confentis à acquérir plufieurs de ces pierres ; & comme je lui en offris meilleur prix qu'on ne lui en avoit offert nulle part ailleurs, il défira conclure avec moi , & je lui en pris pour la valeur *de plus de* 10,000 *liv. fterling*, que je lui payai, partie en argent comptant, & partie en divers articles de Bijouterie , ainfi qu'il confte du décompte ci-joint.

Les Pierres que M. de Valois m'a vendues, *reffemblent fi exactement tant en poids qu'en figure à celles d'un Collier* fait récemment à Paris (tel qu'il m'eft connu par un deffin qui m'a été remis par M. Barthelemy, chargé des Affaires de France, & par un détail qui m'a été montré enfuite) que je n'ai pas le plus léger doute qu'elles n'ayent été enlevées de ce Collier.

J'ai joint ici une copie du fufdit détail ; &, en marge, j'ai noté non-feulement les Pierres que j'ai achetées, mais encore celles qu'il m'a montrées uniquement & que je n'ai point acquifes.

Tous ces Diamans étoient démontés, quand M. de Valois me les apporta , & ils étoient fi endommagés dans leurs tailles, que je comprends qu'on les aura *arrachés* à leur monture *avec un couteau* ou quelqu'inftrument femblable.

A la marge du détail, j'ai noté l'article (II) , comme en ayant monté les Pierres , fçavoir *Quarante-un Brillants* , *formant les trois feftons &c. Les trois feftons* étoient, je crois, compris en totalité dans le nombre de foixante Pierres que M. de Valois m'apporta à la fin du mois de Mai dernier, avec ordre de les monter en un collier & une paire de Boucles d'Oreilles, *qu'il me dit deftiner à Mme la Comteffe ;* ces foixantes Pierres étoient certainement toutes prifes de différentes parties du Collier originaire, ainfi que je le reconnois par le deffin & le détail de ce Bijou.

Le vingt-fix du mois de Mai, jour où je le vis pour la dernière fois avant fon départ d'Angleterre, il me dit que , lorfque ce Collier & ces Boucles d'oreilles feroient achevés , il défiroit que je les envoyaffe à M. Sykes à Paris, pour lui être remis. Mais je regardai ces Bijoux comme d'une valeur trop confidérable , pour être confiés à une voie ordinaire de tranfport, &, nulle occafion favorable ne s'étant préfentée, ils demeurèrent en ma poffeffion jufques vers le vingt Août dernier, *que M. de Valois vint lui-même dans ma Boutique & les emporta.*

Lors de ce dernier voyage de M. de Valois, je ne le vis que deux fois ; &, dans l'une de ces entrevues, il fe plaignit que l'épingle de Diamans en étoile, *qu'il avoit acheté pour Mme la Comtesse*, étant entièrement montée à jour, elle en avoit, par accident, perdu deux ou trois Pierres en la portant. Il me fit mention en même tems de plusieurs autres articles que je lui avois vendus, *comme étant employés à Bar-sur-Aube*, ou y ayant été laissés, mentionnant en particulier *les deux belles Epées d'Acier*, notées dans le compte ci-joint.

J'aurois dû faire mention que, vers le commencement de Juillet, je reçus une lettre de M. de Valois, datée de Bar-sur-Aube, par laquelle il me prévenoit qu'une personne (dont j'ai oublié le nom) viendroit dans ma boutique, demander le Collier & les Boucles d'oreilles, & il me donnoit ordre de les lui remettre. En effet, peu de jours après, cette personne m'apporta un Mandat de M. de Valois sur moi de huit guinées, somme que je lui devois pour balance de notre compte de Bijoux ; mais comme il me devoit lui-même davantage, pour la façon de la monture du Collier & des Boucles d'oreilles, je refusai de payer les huit guinées.

J'ai dit ci-dessus que M. de Valois prit de moi, comme portion de paiement, divers articles de Bijouterie, j'ajoute qu'*il prit aussi une grande quantité de perles*, & il parloit ordinairement de tout cela, *comme de choses destinées à Mme la Comtesse*, (car c'est la dénomination qu'il employoit toujours) ou *propres à l'ameublement de sa maison*. En général, la nature des articles dont il faisoit emplette, & l'ensemble de sa conduite & de ses discours dans tout le cours des affaires qu'il a faites avec moi, me l'ont toujours fait regarder *comme agissant pour lui-même*, & je demeure toujours dans la très-parfaite conviction & opinion, *qu'il n'a pu être l'agent d'aucune autre personne*, & n'a vendu les Bijoux au compte de qui que ce soit, autre que lui-même. *Signé*, WILLIAM GRAY.

N°. 13. New-Bond Street.

C.

New-Bon Street.

M. le Comte de VALOIS, à Londres,

à Robert Gray.

Mai 20me. 1785.

Un médaillon de diamans. . . . :	230	liv. fterl.
Une bague dito.	94	10
Un nœud de perles pour une dame. . .	52	10
	377	

	l.	f.	d.
De l'autre part.	377		
Un écran à feu.	1	4	
U entonnoir & fon verre.		6	
Une bourfe.	4	14	6
Une très-belle épée d'acier.	100		
Une , *idem*.	45		
Deux étuis à cure-dents.	12	12	
Un grand couteau à découper, & fa fourchette.	1	4	
Une paire de boucles d'acier bleu.		18	
Deux mille éguilles.	1	10	
Une cafelle forte.	5	5	
Un anneau de diamans en jonc.	13	13	
Quatre rafoirs.	1		
Monture d'une bague de diamans.	1	8	
Étui pour les bagues.		8	
Porte-feuille de foie, garni de fes inftrumens.	12	12	
Un tire-bouchon.		12	
Une belle épingle de diamans en étoiles.	400		
Une paire de pincettes à afperges.	2	12	6
Une montre d'or.	38		
Une bourfe.	4	14	6
Un cordon de canne.	1	1	
Une paire *de balances à diamans*.	1	1	
Un fyphon.	5	5	
Une paire de pincettes de pareffeux.		10	6
Un collier de perles.	170		
Mille huit cens perles.	270		
Uue aigrette de diamans en rofe.	60		
Une paire de boucles d'acier.	18	18	
Une chaîne de montre.	6	16	6
Une belle paire de boucles d'oreilles de brillans	600		
Une bague de brillans.	100		
Une tabatiere en diamans.	120		
Une agraffe de chemife dito.	28		
Une paire de boucles.	7	7	
Une autre , *idem*.	3	13	6
Une partie de femences de perles, & autres perles pour broderie.	1,890		
Sortie de la caiffe en argent.	6,090		
	10,397	6	

Somme pareille en valeur de divers articles de diamans. 10,397 6

M. le Comte de Valois.

1785 *Juillet 23.*   A Robert Gray.

Montage d'un collier à brillans & de boucles
d'oreilles par lui laissés à M. Gray, le 26 Mai pré-   *l.*   *s.*   *d.*
cédent.   24
     Le 23 Août, Argent reçu.   24
     Une paire de ciseaux & leur étui. . .   6   6
Qui ne font pas encore payés.

Extrait & copie véritable du grand Livre de M. Gray, tirés & attestés
par moi.

     Signé, Joseph Kirkup, Commis de MM. Gray & Fils.

LEs trois Actes ci-dessus respectivement, & par ordre marqués A.   26 Octobre
B. & C. ci-annexés, ont été par moi Notaire fidelement traduits, &   1785.
cotés en marge avec ma paraphe, *ne varientur* ; à Londres, le dix-
septieme jour du mois de Novembre , l'an de Notre-Seigneur mil
sept cent quatre-vingt-cinq.
     Signé, J. P. Du Bourg. N. P. (L. S.)

JE, Notaire soussigné, certifie & atteste à tous ceux qu'il appartiendra , que le présent Cahier est une copie fidelle de la procédure en
original , par moi faite à la Requête de M. de Carbonnieres y dé-
nommé , & des trois pieces marquées A. B. & C. auxquelles cette
procédure se réfere. En foi de quoi j'ai signé les présentes , & y ai
apposé mon sceau Notarial ; à Londres , le dix-septieme jour du mois
de Novembre , l'an de Notre-Seigneur mil sept cent quatre-vingt-
cinq.
     Signé, J. P. Du Bourg. N. P. (L. S.)

NOus, chargé des Affaires de France près Sa Majesté Britannique,   *Frais de la Pro-*
certifions à tous ceux qu'il appartiendra , que le sieur Jean-Paul Du   *cédure originale*
Bourg, dont la signature est ci-dessus , est Notaire public en cette   *& de la présente*
ville de Londres , aux actes duquel pleine foi peut & doit être ajou-   *ampliation.*
tée, tant en jugement que dehors. En foi de quoi nous avons donné   L 6...8...6.
le présent Certificat signé de notre main , contresigné de notre Secrétaire , & à icelui fait apposer le cachet de nos Armes ; à Londres , le
dix-septieme jour du mois de Novembre , l'an de Notre-Seigneur mil
sept cent quatre-vingt-cinq.
     Signé, BARTHELEMY.
     Par M. BARTHELEMY.
     Signé, D'ARAGON.

Premiere page. **D. B.**

Etat détaillé du grand Collier en brillans, avec son esclavage & quatre glands.

S A V O I R ;

8 Stones Bought. . . . . .
(acheté 8 pierres.)

· 1°. Le fil autour composé de dix-sept brillans , pesans depuis 18 jusqu'à 33 grains piece.

Were the stones set in Necklace & Earrings.
Ces pierres ont été montées en un collier & une paire de boucles d'oreilles.
Saw them , but did not buy. . . . .
Je les ai vus , mais ne les ai point achetés.
Ditto. . . . .

· 2°. Quarante-un brillans, formant les trois festons tenans au fil d'en-haut, pesans depuis 12 jusqu'à 20 grains piece , évalués l'un dans l'autre.

. 3°. Deux brillans pendeloques , pendans dans les deux festons de droite & de gauche, pesans 50 grains.

· 4°. Un brillant pendeloque , tenant au fil d'en-haut par un treffle, pesant 34 grains, pierre superbe en qualité.

5°. Quatorze brillans , entourage de ladite pendeloque, pesans 7 cinq huitiémes karats.

· 6°. Trois brillans dans le treffle, pierres de 13 grains.

Bought. . . . .
(Acheté.)

· 7°. Un brillant pendeloque au bas du feston, pesant 45 grains.

8°. Quatorze brillans, entourage de ladite, pesans 10 karats.

· 9°. Trois brillans dans le treffle au-dessus, pesans 17 & 20 grains , pierres de la plus grande beauté.

Bought about 80. L.
Saw the rest of them. . . .
(Acheté environ 80 , vu le reste.)

· 10°. Cent vingt-huit brillans forts , formant l'esclavage depuis le fil d'en-haut jusqu'au nœud des glands , toutes pierres assorties , du poids de 8. 9. 10. 11 & 12 grains.

11°. Soixante-deux brillans dans l'esclavage, pierres de 3 & 4 grains.

Set it as a Ring. . . . .
(Monté en bague.)

· 12°. Un brillant au milieu de la rosette du milieu de l'esclavage , pierre très belle , sans aucun défaut , pesant 45 grains.

· 13°. Huit brillans pour entourage , pierres de 12 & 13 grains piece.

Bought

Bought fome of them. . .
(J'en ai acheté quelques-unes.)

14°. Quatre-vingt-feize brillans, formans les deux bandes de côté, pierres afforties, du poids de 6. 7. 8. & 9 grains.

15°. Quarante-fix brillans, petits chatons dans lefdites bandes, pefans 2 & 3 grains piece.

Seconde & derniere D. B.

GLANDS.

Bought them. . . . . .
(Je les ai achetés.)

16°. Quatre brillans à la tête des glands, pierres fuperbes & afforties, du poids de 14 & 15 grains.

Ditto. . . . . , . . .
(Idem 8.)

17°. Douze brillans pendans au bas des glands, fuperbe pour la blancheur, pefans depuis 16 à 26 grains.

18°. Seize brillans ronds dans les glands, pefans depuis 11 à 14 grains piece.

19°. Douze ditto dans les glands, pefans depuis 8 à 10 grains piece.

Bought them. . , . . .
Je les ai achetés.)

20°. Trente ditto dans les glands, pefans depuis 6 à 8 grains piece.

21°. Trente ditto dans les glands, pefans depuis 4 à 6 grains piece.

Signé, Wm GRAY. No. 13.
New-Bond Street.

Le karat évalué enfemble à 80 Kts.

I I I.

Déclaration du fieur Jefferys, Jouaillier.

L'An mil fept cent quatre-vingt-cinq, & le dix-neuvieme jour du mois de Décembre, à la Requête de M. Louis-François-Elifabeth Ramond de Carbonnieres, Gendarme de la Garde du Roi très-Chrétien, de préfent logé à l'Hôtel d'Osborne, dans cette ville de Londres ; je, Jean-Paul du Bourg, Notaire & Tabellion royal & public de Londres, duement admis & juré, me fuis tranfporté au domicile de M. Nathaniel Jefferys, Jouaillier dans Piccadilly, où parlant audit fieur Nathaniel Jefferys, je lui ai exhibé un certificat en Anglois, figné de lui Nathaniel Jefferys, en date du feize de ce mois ; & à lui demandé fi le contenu audit certificat étoit véritable, & fi la fignature au bas d'icelui étoit véritablement la fienne ; il m'a répondu que ledit certificat étoit véritable en tout fon contenu, & que la fignature au bas d'icelui étoit véritablement la fienne : de tout quoi acte étant requis de moi dit Notaire, j'ai accordé les présentes pour valoir & servir ainsi que de raison. Fait & passé audit Londes, sous ma signature & mon sceau Notarial, les jour & an ci-dessus premièrement écrits.

Signé, RAMOND DE CARBONNIÈRES.

J. P. du Bourg, N. P.

Témoins Jean Pitt, M. F. du Bourg.

A

1785, 12 *Mai*.	L. S.		
Un nœud d'épée en acier.	6 l.	16 f.	6 d.
Une paire de rosette de souliers en acier. . .	2	12	6
Une ceinture d'acier avec ses ornemens. . .	6	6	
Une paire de bracelets or & acier. . . .	18	7	6
. . . .	34 l.	2 f.	6 d.

Le Comte de Valois a acheté chez moi les articles ci-dessus.

1785, 28 *Mai*.	L. S.
Un nœud de perles.	23 liv.
27 *Août*. Un paquet de perles.	40
31 *dudit*. Autre, *idem*.	45
2 *Septembre*. Deux, *idem*.	86
. . . .	194 liv.

J'ai acheté ces articles du Comte de Valois.

LE vingt-trois Avril mil sept cent quatre-vingt-cinq, deux Messieurs se présentèrent chez moi, l'un se disant le Comte de Valois, l'autre le Chevalier O Neill; ils m'apportèrent dix-huit gros diamans, qui ayant été laissés quelques jours en ma possession, pour que j'y mette un prix, furent rendus, l'offre que je fis n'ayant point paru suffisante.

Les diamans qui me furent montrés consistoient en grosses pierres, que je suppose avoir formé *les festons du Collier originaire*, tel qu'il m'est connu par son dessin.

Une autre fois, j'achetai du Comte les articles ci-dessus spécifiés.

Quelques jours après la premiere apparition du Comte chez moi, soupçonnant qu'*une aussi grande valeur en diamans ne pouvoit pas être honnêtement* en la possession d'un Particulier, je me rendis au Bureau public de Bond-street, pour m'informer si l'on y avoit reçu de Paris, avis *de quelque vol ou de quelque efcroquerie* ; & trouvant que l'on n'en avoit point reçu, j'y laiffai mon adreffe & les détails, fans cependant y joindre le nom des perfonnes ; en forte que fi l'on s'étoit tout de fuite adreffé au Bureau, le Comte auroit pu être arrêté, ayant demeuré à Londres encore long-tems après, offrant des Diamans à vendre.

Le Comte de Valois difoit que les Diamans qu'il poffédoit étoient *la propriété de fa femme qui en avoit pour une valeur confidérable*, & qu'ils provenoient d'une pièce d'eftomach dont elle ne faifoit point ufage.

La feconde fois qu'il vint à Londres, il m'apporta un Collier de Diamans qu'il vouloit vendre, & que je lui renvoyai ; *l'immenfe valeur de fes Diamans, & la perte confidérable* qu'il effuyoit, en les vendant en échange d'autres bijoux, qu'il convertiffoit enfuite en argent, m'avoit pleinement convaincu qu'il ne pouvoit les avoir acquis que *criminellement*. *Signé*, Nath¹ J E F F E R Y S, Jouaillier Picadilly.

Décembre 16 1785.

(L. S.)

L'Acte ci-annexé, marqué **A**, a été par moi dit Notaire, fidèlement traduit, & cotté en marge avec ma paraphe, *ne varietur*, à Londres, le dix-neuvième jour du mois de Décembre, l'an de Notre-Seigneur mil fept cent quatre-vingt-cinq. *Signé*, J. P. DU BOURG. N. P.

NOus, chargés des Affaires de France, près Sa Majefté Britannique, certifions à tous ceux qu'il appartiendra, que le fieur Jean-Paul du Bourg, dont la fignature eft ci-devant, eft Notaire public en cette Ville de Londres, aux actes duquel pleine foi peut & doit être ajoûtée, tant en jugement, que dehors ; en foi de quoi nous avons donné le préfent certificat, figné de notre main, contrefigné de notre Secrétaire, & à icelui fait appofer le cachet de nos Armes. A Londres, le dix-neuvieme jour du mois de Décembre, l'an de Notre-Seigneur, mil fept cent quatre-vingt-cinq.

Signé, B A R T H E L E M Y.

(L. S.)　　　　*Par Monfieur*, B A R T H E L E M Y,

Signé, D'A R A G O N.

LETTRES DE BETTE D'ETIENVILLE.

Premiere Lettre à Madame la Comtesse de Brionne;
18 Janvier 1786.

MADAME LA COMTESSE,

Si je n'étois bien convaincu que votre Alteffe eft trop généreufe pour s'offenfer de ma démarche, je craindrois de la hafarder ; mais, raffuré fur la bonté de votre ame, je n'héfite pas à implorer votre fecours dans la malheureufe circonftance où je me trouve, par un de ces événemens extraordinaires, & qui pourroit être rejetté au nombre des fables, s'il n'étoit, pour ainfi dire, lié avec l'affaire de M. le Cardinal de Rohan Je n'entrerai point dans le détail de cet événement, dans la crainte d'ennuyer votre Alteffe, par un récit qui deviendroit infiniment long. J'ofe feulement fupplier votre Alteffe, *d'implorer les bontés de fon Eminence* en ma faveur; non que je veuille me prévaloir des circonftances, pour exciter fa générofité : je fens que ce titre feroit infuffifant ; puifque fon Eminence m'a fait déclarer qu'Elle n'étoit pour rien *dans la trame odieufe qui s'eft jouée chez Madame la Comteffe de la Motte,* & qui eft la fource de ma détention. Tant que j'ai été dans la perfuafion que M. le Cardinal étoit la perfonne qui m'avoit employé, j'ai fouffert les plus grandes perfécutions avec conftance, fans vouloir confentir à dépofer, dans la crainte que mes dépofitions ne devinffent contraires à fon Eminence, comme elles l'euffent devenues, *fi M. le Cardinal n'étoit point fauffement impliqué dans cette noirceur.* J'ai été affigné, mardi dix de ce mois, pour comparoître devant M. Titon, & y faire mes dépofitions. Je les ai faites; & j'ofe former des vœux pour *que le fil d'une intrigue auffi abominable foit enfin découverte,* & que les auteurs d'une pareille trame foient punis comme ils le méritent. Pour moi, Madame je me trouve victime de cette malheureufe affaire, fans pouvoir m'arracher de ma captivité, faute d'argent. Il eft bien cruel que les loix qui doivent être l'appui & le foutien de l'innocence opprimée deviennent, pour ainfi dire les complices des méchans. On convient que je ne dois pas me trouver privé de ma liberté, que c'eft contre les Loix que je fuis détenu, que je fuis en droit d'exiger des dédommagemens confidérables; mais, pour les obtenir, ainfi que ma liberté, il me faut environ trente louis : fans cette fomme, je me trouve expofé à périr de mifère dans cette affreufe prifon. J'épargne à la fenfibilité de Votre Alteffe le tableau hideux des horreurs que j'éprouve. Tant que l'on crut que je pouvois être utile, on s'eft empreffé de m'offrir des fecours, qui ne m'étoient pas néceffaires, aujourd'hui tout le monde eft froid & infenfible aux

maux que j'éprouve. Indigné de l'ingratitude des hommes & des infortunes que j'éprouve par ma trop grande bonté, j'ai fouvent dé-
firé la mort. Mais il femble que l'efpoir fe fait plus vivement fen-
tir dans le cœur des malheureux, qu'en aucun autre. Manquant du
plus ftrict néceffaire, j'ai penfé à faire parvenir à M. le Cardinal
une lettre qui peignît ma trifte fituation, bien convaincu que tou-
ché de mon état, il viendroit au fecours d'un infortuné, qui ne
gémit dans les fers que parce qu'on l'a trompé, & que *l'on a abufé*
de fa confiance de la manière la plus indigne. Que votre Alteffe
daigne me fervir d'appui auprès de fon Éminence, elle rendra
un malheureux à la vie; fon bonheur fera votre ouvrage, & je
bénirai l'inftant, où l'infpiration de vous adreffer cette lettre m'eft
venue : j'ofe affurer votre Alteffe que je fuis digne de fes bontés;
que les infortunes que j'éprouve, ne font qu'une fuite de la bonté
de mon cœur & de ma confiance. Je ne cefferai d'adreffer des
vœux pour la confervation de votre Alteffe.

   Je fuis, avec refpect, Madame la Comteffe, de
   Votre Alteffe, le très-humble & très refpec-
   tueux ferviteur.
     Signé DE BETTE D'ETIENVILLE.

Chambre Sainte Elizabeth, au Châtelet de Paris.

Seconde Lettre à Madame la Comteffe de Brionne.

      Du 27 Janvier 1786.

MADAME LA COMTESSE,

JAMAIS pofition ne fut plus embaraffante que la mienne. Victime
d'une intrigue dont je ne puis développer le fil, je me vois expirer
dans les angoiffes du plus cruel défefpoir. Hé ! dans quel endroit
encore ? dans un féjour d'horreur que je ne puis envifager fans
frémir : je me fuis dépouillé de tout ; je n'ai plus rien qui puiffe
m'aider à fubfifter. Mes Créanciers m'enfoncent le poignard dans le
fein, en infultant à ma mifère, & en bravant mon impuiffance,
à me tirer du précipice qu'ils m'ont creufé. Mais ce qui re-
double mes difgraces, c'eft une vifite que j'ai reçue ce matin d'un
Avocat, *qui fe dit chargé de la part d'une perfonne qui prend beau-*
coup d'intérêt à Madame la Comteffe de la Motte, de venir m'offrir
des fecours ; dois-je & puis-je les accepter? Non, rien ne fauroit
corrompre ma droiture, elle eft la fource de mes maux ; mais
s'il faut expirer, que je quitte la vie fans remords. Je dois hom-
mage à la vérité, rien ne fauroit m'en écarter. Que Votre Alteffe
daigne obferver, qu ce n'eft qu'après le défaveu formel de M. le
Cardinal que j'ai fait mes dépofitions ; menaces, perfécutions rien
n'a pù ébranler ma conftance ; je ferois mort avec mon fecret, plu-
tôt que d'être nuifible à fon Éminence. Je ne prétends pas, Mada-

me ; me faire une gloire auprès de Votre Alteſſe, de ma fermeté dans de pareilles circonſtances. *J'ai fait mon devoir*, & dans le malheur affreux que j'éprouve, j'ai la paix au fond de l'ame, & je m'en réjouis. Trente louis me rendroient la vie, l'honneur, & me mettroient à même de punir mes injuſtes perſécuteurs. Je n'ai pas été aſſez heureux pour les obtenir de Votre Alteſſe; quelqu'en ſoit la raiſon, je la reſpecte, & n'en ferai pas moins dévoué à votre illuſtre Maiſon, *dès que rien ne me force à altérer la probité dont j'ai toujours fait profeſſion. Je me regarderois comme le plus infâme des hommes*, ſi la miſère où je me trouve pouvoit triompher de ma droiture, & me faire commettre la moindre lâcheté. Mon caractère a toujours été la franchiſe même, je ne connois point les détours. La perſonne qui eſt venue, doit revenir demain, *en m'engageant beaucoup à lui remettre mon Mémoire, & les Papiers qui peuvent avoir quelques relations à cette affaire* Que Votre Alteſſe daigne jetter les yeux ſur ma poſition; ſans protecteur, ſans ami, ſans un ſol, perſécuté, en butte aux beſoins les plus urgens, que vais-je devenir? Par quelle fatalité le ſort m'a-t-il deſtiné à périr d'une manière auſſi cruelle, à la fleur de mes ans? Encore, ſi j'avois mérité mon ſort, je ne m'en plaindrois pas. Mais le motif qui m'a conduit dans cet abîme de maux, a été auſſi pur que mes intentions. Je n'oſe ſupplier Votre Alteſſe, de me faire paſſer quelques conſolations, ou du moins quelques avis ſur la conduite que je dois tenir; ſi la fortune me fait ſurvivre aux maux que j'éprouve, je ne ceſſerai, Madame, de faire des vœux pour la conſervation de Votre Alteſſe.

> Je ſuis avec reſpect, de Votre Alteſſe, le très-humble, très-obéiſſant & très-reſpectueux ſerviteur, *Signé* DE BETTE D'ETIENVILLE.

P. S. Une réflexion, qui me paroît bien naturelle, me frappe au moment où je me diſpoſe à faire paſſer ma Lettre à Votre Alteſſe. Peut-être ſuis-je aſſez infortuné, pour que la délicateſſe ſoit la ſeule cauſe qui ait déterminé Votre Alteſſe, à ne me pas faire paſſer le ſecours que j'oſai réclamer. Dieu! je ferois bien malheureux, ſi un pareil obſtacle s'oppoſoit aux ſentimens généreux qui caractériſent Votre Alteſſe! Ne craignez point, Madame, que l'on puiſſe ſoupçonner que vos bienfaits ſoient dans le cas d'altérer *ce que je dois à ma probité & à M. le Cardinal, que je crois fermement innocent, depuis ſon déſaveu;* je crois, d'ailleurs, que Votre Alteſſe eſt incapable de ſuſpecter ma franchiſe à cet égard.

> *Lettre de Bette d'Etienville, au ſieur Roths.*
>
> Du 12 Janvier 1786.

MONSIEUR,

MON Procureur eſt venu hier me voir, pour me demander de

l'argent, afin de pourvoir à mon élargiſſement ; ce qui eſt d'autant plus naturel, que M. le Baron de Fages a fait un acte d'appel au Palais : en conſéquence l'affaire eſt au civil. Il ne faut que préſenter ma Requête pour ſortir. M. Roths, vous n'avez jamais éprouvé l'infortune, puiſſiez-vous l'ignorer toujours ; mais, ſi vous étiez témoin de ma ſituation, vous en ſeriez pénétré. Je n'ai que vous ſeul à qui je puiſſe m'adreſſer dans une pareille circonſtance. Ne craignez pas d'avoir à vous repentir de votre bonté à mon égard. Si j'étois aſſez heureux pour être connu de vous, j'oſe me flatter que vous n'héſiteriez pas. Quant aux cinq louis que vous avez bien voulu m'avancer, je ſerois bien malheureux, ſi je ne me trouvois pas dans la poſſibilité de vous les remettre à l'époque. Voyez, Monſieur, à faire un effort en ma faveur ; il ſemble que je ne ſuis pas indigne du ſervice que je réclame, j'en conſerverai toute ma vie la plus vive reconnoiſſance. L'on eſt venu me trouver, pendant que je vous écrivois ceci, pour me demander pourquoi je ne préſentois pas ma Requête. Qu'il eſt humiliant pour une ame ſenſible, de ne pouvoir briſer ſes fers, faute d'un peu d'argent ! Je mets toute ma confiance en vos bontés ; & ſuis avec conſidération,

    Monſieur,

Votre très-humble Serviteur,
Signé DE BETTE D'ETIENVILLE.

Vous pourriez m'envoyer quelqu'un de ſûr pour me faire tenir de l'argent. Je ne vois plus M. de Mareil ; perſonne dans le monde ne ſonge à moi, ni à me venir voir.

Actes qui conſtatent que M. le Cardinal de Rohan n'eſt parti de Saverne, pour Paris, que le 4 Janvier 1785.

NOus les Prévôt Lohners & Magiſtrats de la ville de Saverne, en Alſace, ſur la réquiſition à nous faite, de certifier & conſtater, de la manière la plus authentique, le jour auquel Son Alteſſe Séréniſſime & Eminentiſſime Monſeigneur le Cardinal DE ROHAN, Evêque & Prince de Strasbourg, notre très-gracieux Prince & Seigneur, eſt parti de Saverne, pour Paris, au commencement de l'année 1785 ; déclarons, certifions & atteſtons que, le premier jour de ladite année 1785, nous avons eu l'honneur d'être admis à préſenter nos hommages, les plus reſpectueux, à Son Alteſſe ; que le 3, la veille de ſon départ pour Paris, nous avons pareillement obtenu audience de congé, & que Son Alteſſe Séréniſſime eſt partie le 4 du même mois de Janvier, & que pluſieurs perſonnes ont été préſentes lors dudit départ ; en témoignage de tout quoi, nous avons ſigné les préſentes, icelles fait ſigner par le Greffier Notaire de la Ville, qui y a appoſé le ſceau aux armes de même Ville. A Saverne, en Alſace le 20 Avril 1786. *Signés* Arth, Prévôt, Meyer Unterlohner, Weber, Hoffmann, Schoen, Notaire & Greffier. (L. S.)

NOUS, les Vice-Dom, Vice-Chancelier & Conseillers, tenant le Conseil de la Régence de l'Evêché de Strasbourg, certifions que nous avons eu l'honneur de présenter, en Corps, nos hommages à Son Altesse Sérénissime & Eminentissime, Monseigneur le Cardinal DE ROHAN, notre très-gracieux Prince Evêque, premier Janvier 1785, & que ce Seigneur a resté en cette résidence jusqu'au 4 du même mois, jour auquel il est parti pour retourner en France; en foi de quoi nous avons signé & délivré les présentes, les avons fait munir du sceau de notre Jurisdiction, & contre-signer par notre Greffier Secrétaire. Fait, à Saverne, le 20 Avril 1786. *Signes* d'Elvert, Knepffler père, Mehlem, Pettmesser, Jannesson père, Arth, Knepffler fils, Knepffler, Jannesson fils, Behr. (L. S.)

NOUS, les Directeurs & Conseillers de la Chambre des Comptes de l'Evêché de Strasbourg, séante à Saverne, certifions & attestons, par ces présentes, que le jour de l'an premier Janvier 1785, nous avons été admis à faire notre Cour, & à exprimer nos vœux de la nouvelle année, à Son Altesse Sérénissime & Eminentissime, Monseigneur le Cardinal DE ROHAN, notre très-gracieux Prince Evêque, que Sadite Altesse Sérénissime & Eminentissime a encore passé les deux jours suivants en son Château de Saverne, & qu'elle en est repartie le 4 du même mois de Janvier de grand matin, pour retourner en France, aux acclamations de plusieurs personnes, pour son heureux voyage, en foi de quoi nous avons signé les présentes, & à icelles fait apposer notre sceau ordinaire. Donné en la Chambre des Comptes le 20 Avril 1786. *Signés* Pettmesser, de Heille, Conseiller, Gast, Conseiller, Arth, Secrétaire. (L. S.)

Signé, LE CARD. **DE ROHAN.**

MM. TITON & DUPUIS DE MARCÉ, *Rarpporteur.*

Mᶜ **TARGET**, Avocat.

GERARD DE MELCY, Proc.

T A B L E des Piéces justificatives.

DECLARATIONS authentiques selon la forme Angloise.

Chez CL. SIMON, Imprimeur de S. A. E. Mgr. le Prince DE ROHAN, rue Saint-Jacques, près Saint-Yves, Nᵒ. 27. 1786.